LETTRE
DE MONSIEUR
L'ABBÉ CARBASUS,
SUR LA MODE
DES INSTRUMENS DE MUSIQUE.

LETTRE
DE MONSIEUR
L'ABBÉ CARBASUS,
A MONSIEUR DE ***
AUTEUR DU TEMPLE DU GOUST,

Sur la mode des Instrumens de Musique;

Ouvrage curieux & interressant pour les Amateurs de l'Harmonie.

Le prix est de douze sols.

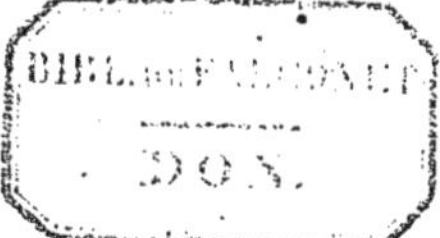

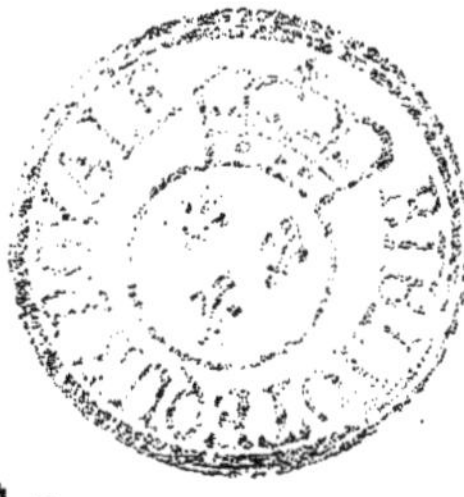

A PARIS;

Chez la Veuve ALLOUEL, Quay de Gêvres, à la Croix blanche.

M. DCC. XXXIX.

Avec Approbation & Permission.

LETTRE
DE MONSIEUR
L'ABBÉ CARBASUS,
A MONSIEUR DE ***
AUTEUR DU TEMPLE DU GOUST.

Sur la Mode des Instrumens de Musique, avec l'origine de la Vielle,

M.

La Relation que vous venez de donner de votre Voyage au Temple du Goût, me dédommage du malheur que j'ay eu de ne pouvoir vous y suivre. Quelques intérêts particuliers m'ont retenu auprès de Madame la Marquiſe de ..... que j'ai rencontrée au Concert où vous étiez.

Il eſt vrai que j'ai perdu beaucoup, puiſque j'ai été privé de moiſſonner en votre Compagnie : mais, tandis que vous étiez dans votre élevation à conſidérer les fleurs qu'arroſe le Permeſſe, j'ai glané plus bas dans le nouveau Goût du Tems.

Vous ſçavez quel eſt le talent de la Dame dont je vous parle, pour le Claveſſin & pour le Chant, où rien ne l'arrête; vous allez auſſi ſçavoir de quel ridicule je l'ai tirée depuis le Concert où je l'ai trouvée.

Vous vous ſouvenez que vos raiſonnables impatiences interrompirent le Concert par votre prompt départ. Le Maître du logis en fût déſolé. Je gardois, diſoit-il, le plus beau pour la fin, ainſi que cela ſe pratique parmi les gens de goût. Un des Auditeurs bénévoles modéra ſon chagrin, en lui remontrant que les perſonnes de votre importance, n'ont pas toûjours de longs momens à donner à leurs plaiſirs.

On reprit donc le ſecond Acte du Concert; &, comme vous dites fort bien, le Maître de la Maiſon avoit promis du neuf: On vit paroître avec ſurpriſe une Muzette, une Vielle, & un Baſſon. Chacun applaudit aussi-tôt, en voyant un assemblage si extraordinaire. Ils exécutérent ensemble plusieurs Trios ausquels on redoubla les applaudissemens, & je voyois de loin la Marquise qui témoignoit son ravissement par ses battemens de mains.

J'étois peut-être le seul qui ne goutât point cette Harmonie. Un de mes amis dont j'étois voisin, me demanda ce que j'en pensois. Cet assemblage bizarre, lui répondis-je, & l'estime qu'on en fait, est une preuve sensible de la décadence du Goût.

La Muzette & la Vielle n'ont pour principal objet qu'un dessus ; tout le bruit qui les accompagne est un Charivari continuel, auquel on peut ajoûter le croacement des Grenoüilles pour accompagnement; & pour Contre-Basse, le murmure ou ronflement que fait la rouë d'un Coustelier ou d'un Tisséran ; même si l'on veut, celui de l'equipage d'un Mulet, avec le Tambour de Basque.

Quand j'entendrai executer des Sonates, des Concerto, & des Symphonies de Lully, sur ces deux instrumens, je dirai avec ce grand Personnage de l'Antiquité, que le Cordonnier ne doit pas passer le soulier.

Je rirai cependant de les entendre sortir de l'unique modulation où le sort les a bornés, sans que la plûpart des Admirateurs s'en apperçoivent. J'applaudirai volontiers à la brillante exécution ; mais je plaindrai les Acteurs de prendre tant de peine ſur deux Inſtrumens triviaux & ruſtiques, qui ne peuvent avoir d'autre mérite que de joüer quelque Vaudevilles. C'eſt le ragoût de Citroüille, diſoit un fameux * Compoſiteur qui les entendoit, qu'il faut jetter ſur un fumier, lorſqu'il eſt bien aſſaiſonné.

Si l'on dépoüille la Vielle de ſes Bourdons, on entendra un Deſſus maigre & déplaiſant, quand il ſera deſtitué de la confuſion qui cachoit ſes défauts ; & la mépriſe ſeroit grave de comparer ce Deſſus à la beauté de celui d'un Violon, tout autrement articulé avec l'Archet. On doit donc conclure que la Vielle en tout ou en partie, eſt très-inférieure, & qu'elle ne peut convenir qu'à des Villageois totalement ignâres de bonne muſique.

Que peut-on penſer du goût de pluſieurs Symphoniſtes, qui, loin de refuſer de concerter avec ces Inſtrumens, ſe confondent volontiers avec le cornement perpetuel de leurs inſuportables Bourdons ? Ignorent-ils que le ſérieux eſt l'Antipode de ces Inſtrumens burleſques ? Et, quand il y auroit quelque beauté dans le ſujet du Chant, la

* Monſieur Marais.

précision & la netteté y seroient étouffées dans la confusion.

Ce n'est point le goût, encore moins la raison, mais la mode qui a arraché ces Instrumens de la main des Aveugles & des Pastres, à qui nos ancêtres les avoient relegués. Leur facilité les a rendus communs sans leur donner plus de mérite.

Il faut même devenir Pantomime pour leur attirer quelque succès ; &, sans les grimaces de ceux qui en joüent, ils ne seroient pas suportables aux oreilles musiciennes, après qu'on les a écouté plus d'un quart d'heure.

J'ose dire même que les Nations voisines ont grand sujet de nous tourner en dérision, de nous voir empoisonnés d'un goût si pitoyable.

Mon ami que j'avois écarté hors la Salle du Concert qui étoit fini, convint que les remarques que je lui faisois faire étoient justes, & il m'en remercia.

J'apperçûs alors la Marquise, qui en sortant, parloit à l'oreille du Vielleux. J'allai lui donner la main, & nous montâmes dans son Caroffe, qui nous ramena à Paris. Cette occasion me fit plaisir, parce que nous prîmes jour au lendemain pour conférer sur une affaire que j'avois eû avec le feu Marquis son époux, & que nous avons terminé heureusement à l'amiable. Apprenez, je vous prie, le reſte de l'hiſtoire.

J'arrivai le jour ſuivant chez la Marquiſe, dans le tems que l'on introduiſoit le Maître de Vielle. Je le ſuivis de loin, curieux d'apprendre le ſujet de ſa viſite, & je fus ſurpris de découvrir que la Marquiſe avoit formé le deſſein d'apprendre à joüer de la Vielle. J'écoutai un inſtant ſans paroître, & j'entendis qu'elle diſoit au Maître : Monſieur, je veux me faire un amuſement à la mode, & pour cela, je veux joüer de la Vielle. Ai-je de la diſpoſition ? Je touche le Claveſſin ; j'execute des Pieces de Couperin ; je * timbaliſe celles de Rameau, dont j'ai le Traité d'Harmonie, avec la Régle de l'Octave de Campion. J'execute & je tranſpoſe à livre ouvert, demi ton plus haut, demi ton plus bas, ou autrement, toute ſorte de Muſique Françoiſe & Italienne ; je la double, je la triple. La compoſition m'eſt ſi familiére, que je prélude pendant une heure à trois, quatre & à cinq parties, ſur tel ſujet de fugue, double fugue, & contre-fugue que l'on me donne. A l'inſtant j'entrai tout étonné : Quoi ! Madame, m'écriai-je, voyant une Vielle ſur la table,

* On appelle joüer des Tymbales ſur le Clavier du Claveſſin, lorſque les mains ſe croiſent tour-à-tour l'une ſur l'autre, dans certaines Pieces faites à ce deſſein.

vous vous donnez à cet Inſtrument! Vous abandonnez le Claveſſin ! Vous n'y ſongez pas . . . . . Doucement, Monſieur l'Abbé, repartit fiérement la Marquiſe, il ſuffit pour vous fermer la bouche, que j'ai du goût pour la mode ; & pour m'épargner le controlle, paſſez, je vous prie, dans l'autre appartement, nos papiers y ſont ; ſur tout, fermez la porte. J'y ſuis intereſſé, Madame, lui répondis-je en riant. Comme je voulois cependant entendre la converſation, je m'approchai ſans bruit d'une autre porte qui étoit entre-baillée, pour écoûter.

Enfin, Monſieur, reprit la Marquiſe, outre la diſpoſition que je viens de vous annoncer, j'ajouterai que je ſçai mon Lully par cœur, & les plus belles Scénes des Opéras modernes : Je me flatte d'exécuter un jour de ſi belles choſes ſur la Vielle ; qu'en dites-vous, Monſieur? Avec une diſpoſition ſi prodigieuſe, répondit le Maître, je me vante, ſans éxagération, de vous perfectionner en très-peu de tems, dans la ſcience de la Vielle ; ſur tout votre main gauche . . . . . Et pour la droite, reprit vivement la Marquiſe ? Elle n'eſt pas moins bien diſpoſée, répondit le Maître, car j'apperçois que vous filez de la Soye, & la manivelle de la Vielle, ſe tourne de la main droite, comme celle d'une Broche, d'un Roüet, ou d'un Moulin à Caffé. Fort bien, dit la Marquise, en regardant la Vielle Eh...... à quoi sert cette tresse, s'il vous plaist...... Cela m'a l'air d'une sangle? C'est répondit le Maître, la ceinture pour suspendre l'instrument à son côté. Quoi une ceinture? dit la Marquise, nous n'en portons plus, ce n'est plus la mode, & c'est tout dire. Tenez, Monsieur, on a eu beau dire & beau faire pour nous obliger d'en porter, tout a été inutile, je n'en porterai point. Mais..... Madame, dit le Maître, c'est la Ceinture d'Appollon, lors qu'étant Berger, il gardoit les Troupeaux du Roy Admette. Ah! Ah! reprit la Marquise, d'Appollon!.... honneur donc à la Ceinture d'Appollon: Mais, Monsieur, croyez-vous en bonne foi qu'Appollon ait jamais joüé de la Vielle? Pourquoi, Madame, répondit le Maître, ne le croirois-je pas? Eh! à quel autre Instrument auroit il pû donner la préférence?

L'origine de la Vielle n'a point d'époque certaine, elle est effacée de la mémoire des hommes.

Les Chinois, qui s'arrogent l'antiquité la plus reculée, ont sauvé de la révolution des tems, une ancienne Chronique Japonnoise, qui par hazard, est parvenuë jusqu'à nous. Kilo-ho-hé-é, dit on, est le Restaurateur & le Traducteur des caduques lambeaux de cette Hiſtoire. Ce Chinois nous l'a renouvellée, comme les Grecs nous ont renouvellé le jeu de l'Oye.

Il raconte qu'autrefois, c'eſt-à-dire, un prodigieux nombre de Siécles ; puiſque c'étoit au tems que les Génies, les Fées, & autres Eſprits Aériens ſe familiariſoient avec le genre humain. Prodige que je trouverois incroyable, ſi l'honneur de la Vielle n'y étoit intereſſé : car Jean Bellot, Curé de Milmonts, Albert le Grand, Del Rio, Trithême, le Comte de Gabalis, la Caballe, la Philoſophie occulte, & autres viſionnaires qui ont traité cette matiére, ne m'impoſent aucune crédulité. Il nous raconte enfin qu'il y eut un Empire nommé la gran-
» de Chéchianée, où Tanzaï, qui y ré-
» gnoit, par un goût le meilleur du monde,
» avoit choiſi la Vielle par préférence à
» tous les autres Inſtrumens de Muſique.
» Au lieu de Tymbales qui étoient jadis
» dans les Clochers de leurs Temples, on y
» ſubſtitua des Vielles d'une groſſeur énor-
» me. Les honneurs & les dignités les
» plus éclatantes n'étoient diſtribués qu'aux
» Vielleux les plus célébres ; & pour ce,
» étoient décorés du titre ſuprême de
» Grands Vielleux de l'Etat, dont le plus
» ancien étoit déclaré Connétable. Le Roy,

» ainsi que rapporte la Chronique, pour don-
» ner à cette dignité un plus grand lustre,
» honora ceux qui en étoient pourvûs de
» la Culotte de peau d'Ours, garnie de
» Marons d'Inde. Honneur qui peut nous
» paroître bizarre; mais qui, selon les pré-
» jugés de ce Peuple, étoit la marque de
» la plus pompeuse distinction.

Cette Histoire, toute extraordinaire qu'elle paroît, a l'avantage de ne pouvoir être convaincuë de mensonge. Sur le fondement de cette Chronique, il est probable que cet Instrument merveilleux s'est trouvé enveloppé dans les tourbillons de ces Mers orageuses, qui ont enséveli la grande Chéchianée & plusieurs autres Empires & Royaumes dont il n'est plus mention.

C'est ce qu'on peut présumer de la longue disparition de la Vielle; mais par un heureux refus, ce Siécle éclairé l'a remise en vogue.

Tous les Instrumens d'Archet qui en ont tiré leur origine, font la preuve de son antiquité, par conséquent de sa noblesse & de son mérite; mais quant à sa figure, les Poëtes & les Peintres ne s'accordent point

Les Egyptiens nous la dépeignent comme une raquette avec quatre cordes au milieu, dont on dit qu'ils se servoient pour inviter à leurs sacrifices. Plutarque dit qu'on y faisoit différens accords, ce qui est impossible, & par conséquent incroyable sur quatre cordes immuables, & semblables à celles que nous avons sur la Vielle. Vous entendez, Madame, qu'il y a déja quelque conformité ? Poursuivez, Monsieur, repartit la Marquise, je suis enchantée.

D'autres dépeignent la Lyre comme une espéce de Violon dont on joüoit avec un archet. Si ce dernier a lieu, il faut croire que la Colophane est vénérable par son antiquité; car l'archet ne sçauroit éxister sans Colophane: Il y auroit même de la curiosité à sçavoir qui est plus âgé de l'Archet ou de la Colophane; mais c'est la dispute de l'œuf & de l'oiseau; & cette digression n'est point la matiére qui concerne la science de la Vielle. Pour moi, sans me plonger dans la confusion de tant d'opinions que je crois fabuleuses, je donne la préférence au sentiment d'Erasme, qui dans son Eloge de la Folie, dépeint le Docteur à la Lyre, une Vielle à la main. Sous la protection d'un Orateur si célébre, je me laisse aller au plaisir qui me flatte de croire, que ce fût avec la Vielle qu'Appollon attira toutes sortes d'Animaux, qu'Orphée s'ouvrit un passage aux Enfers; qu'Amphion reçut de

Mercure celle par le ſon de laquelle il bâtit la Ville de Thébes à cent portes ; qu'Arion, ſe tira du péril par la douceur de ſa Vielle & de ſon chant ; Sapho ....

Monſieur, interrompit la Marquiſe, j'ai joüé autrefois de la Guitare, & j'en ai là une très-ornée qui m'a bien coûté de l'argent ... Comme il eſt néceſſaire d'avoir deux Vielles, reprit le Maiſtre, & que la Guitare n'eſt plus à la mode, je vous en ferai faire une Vielle organiſée. Quoi! Monſieur, dit la Marquiſe, ſacrifier cet Inſtrument pour .... Eh, Madame! votre ſcrupule m'étonne! reprit le Maître. Vous n'êtes donc pas informée que c'eſt le ſeul uſage que l'on fait aujourd'hui des Théorbes, des Luths, & des Guitares. Ces Inſtrumens gothiques & mépriſables ſont en dernier reſſort métamorphoſés en Vielles ; c'eſt-là leur tombeau.

Oh! doucement, Monſieur, reprit la Marquiſe, je ne les croi pas ſi mépriſables que vous le dites. Je ſçai que pluſieurs Empereurs, Roys, Princes & Princeſſes, notamment Loüis XIV. de glorieuſe mémoire, & toute ſa Cour, en ont fait leurs délices ; & que pluſieurs Royaumes en font encore leur prinnipal objet de muſique. Il me ſouvient même d'avoir lû derniérement que l'an 500. Clovis faiſant la Paix avec

Théodoric, Roy des Oſtrogots d'Italie, il y eut un article, par lequel Théodoric s'engagea d'envoyer un bon Joüeur de Guitare. Autres tems, autres ſoins, repartit le Maître. Nous ſommes à plaindre de ce qu'ils n'ont pas vécû dans notre Siécle, où l'on reconnoît unanimement le ſublime de la Vielle ; mais Loüis XIV. avoit tant d'autres moyens de rendre ſa mémoire glorieuſe, qu'il n'a pû les employer tous. C'eſt dommage que ce grand Monarque n'ait pas laiſſé repoſer quelque fois la Majeſté du Scéptre, pour joüer de la Vielle. J'avouë de bonne foi, que cette prérogative manque à notre gloire ; mais alors ce n'étoit point la mode ; & ſans doute, la Vielle étoit éclipſée. Si les Théorbes, Luths & Guitares ſe ſoûtiennent encore dans d'autres Royaumes, c'eſt parce que ces Royaumes n'ont pas le bonheur d'avoir des Vielles pour bannir les préventions qui leur cachent toutes les imperfections que l'on y a reconnu.

Si Madame jette un coup d'œil ſur tous les Inſtrumens de Muſique qui ſont en uſage aujourd'hui, elle n'en trouvera, excepté la Vielle, aucun de parfait, tous ont leurs défauts.

Vous conviendrez, Madame, que le Claveſſin eſt bien négligé ; il ne ſert preſque plus que de parade dans les appartemens. Je dois pourtant avoüer le ſeul avantage qu'il a ſur les autres, qui conſiſte dans le ſeul coup d'œil de ſon Clavier, où l'on découvre la totalité de l'Harmonie. Voilà ce que j'y trouve d'admirable, car pour les ſons que produit ſa corde d'airain, il n'y a rien qui ſoit intereſſant, ni qui ſoit ſenſible au cœur, comme la Vielle.

Il tire ſon origine de la Harpe, dont il a même conſervé la figure, puiſque le Claveſſin eſt une Harpe couchée. Comme on ne peut pas borner les ſons de la Harpe, & que leur durée devient cacophone avec les ſons qui ne les doivent point accompagner: Pour corriger ce défaut, on a inventé le Claveſſin, qui borne la durée de ſes ſons, par le drap mis aux Sautereaux; mais je trouve que l'on a plus perdu que gagné; car, pour la joüiſſance de cet avantage, on a abandonné les beaux ſons de la corde à boyau, qui ſont inconteſtablement au-deſſus de la corde d'airain, qui féraille le plus ſouvent; d'ailleurs, le prix éxhorbitant que coûte un bon Claveſſin, la difficulté de ſon tranſport, la place qu'il occupe, la dépenſe de ſon entretien, le miſtére de ſon accord ou partition, dont le tempérammenr arbitraire n'eſt fondé que ſur une longue expérience. Cet accord, si sujet au changement des tems, que l'on ne peut pas s'assurer d'en joüer, si l'on n'a pas un Facteur auprès de soi pour l'accorder à chaque Concert, & pour réparer les accidens fréquens du Clavier, froid en hyver, & l'impossibilité d'enfler & de diminuer les sons, rebutent aujourd'huy les Dames de bon goût qui préférent la Vielle dans laquelle elles ne trouvent aucun de ces défauts. Néanmoins, malgré tous ces désavantages, nous accordons qu'il y a beaucoup de prudence aux personnes qui se destinent à la Vielle, d'apprendre auparavant cinq ou six années à toucher le Clavessin, & de n'épargner ni soins ni argent pour une précaution si sage, qui les doit conduire au comble de la perfection de l'Art de Vieller : Cependant malgré le profit que nous procurons, ainsi par nos conseils, aux Maîtres de Clavessin, nous en faisons des ingrats & des jaloux, qui, pour faire les censeurs, nous accusent de tomber souvent dans de fausses intonnations & dans des discordances avec nos Bourdons ; mais heureusement on n'est pas repris pour ce crime comme pour la fausse monnoye. Plutarque rapporte que les Argiens avoient ordonné une peine contre ceux qui parleroient mal de la Musique ; il en faudra, sans doute, ordonner une contre ceux qui parleront mal de la Vielle : & si cela arrivoit un jour, le crime de léze Vielle, qu'un Anonime a commis dans le Mercure du mois d'Aoust 1738. ne seroit pas impuni, s'il eût osé se nommer.

Ces Compositeurs & Accompagnateurs, toûjours bouffis d'orgüeil, se comparent aux Architectes, & ceux qui joüent des Instrumens à partie seule, à des Manœuvres ; mais cela ne nous regarde point, puisque la Vielle posséde toutes les parties par un accompagnement continuel. S'ils étoient plus judicieux, ils avoüeroient qu'ils ont obligation de la Basse-continuë à la Vielle. Le mot de Basse-continuë est suffisamment énergique pour exprimer une Basse qui ne change point, c'est ce que la Vielle accomplit parfaitement & sans soin : Mais il a plû à ces Charlatans de faire des variations qui ont produit mille difficultés, qui sont capables de renverser l'esprit à un homme de bon sens, & qui rebutent tous les jours quantité d'Ecoliers, à qui il semble que ce soit de la magie.

Nous laissons abboyer ces caustiques Epilogueurs, avec leur prétenduë régularité, qui les bride au point de n'oser rien hazarder. Il faut, disent-ils, préparer, accompagner, & sauver les dissonances. C'est sur cette nécessité prétenduë qu'un Musicien-Compositeur,

positeur, d'humeur joviale, feignit derniérement être couroucé contre un Porteur d'eau qui crioit sa marchandise proche un de ses Confréres qui crioit aussi la sienne, de sorte que leurs voix faisoient ensemble une seconde. Sauve donc ta seconde, sauve donc ta seconde, s'écria le Musicien, en apostrophant celui des deux qui crioit le ton grâve, c'est à toi à la sauver ; puis il se sauva promptement pour se dérober au couroux des Porteurs d'eau, qui se préparoient à sauver la seconde sur sa personne avec leurs sangles.

Avec tout leur fatras, nous sommes à leur égard comme le Rocher au milieu des flots, & nous les considérons d'un œil de compassion, comme des prisonniers au milieu de leurs régles.

Pour nous, nous sommes éxempts de pareils scrupules : d'ailleurs, pour un connoisseur que nous rencontrons quelque fois par hazard, nous avons les suffrages de mille autres gens qui ne s'y connoissent point, & le grand nombre l'emporte. C'est ce qui a tellement mis la Vielle à la mode, qu'un * Ouvrier de Clavessin, voyant sans doute son

* *Ouvrier.* On a inventé une nouvelle Vielle avec un Clavier de Clavessin. On la touche de la main droite, & on tourne la Manivelle de la

Inſtrument tomber en décadence, & la Vielle triompher s'eſt ingéré d'en inventer une d'une nouvelle façon. Que ne fait-on point pour perpétuer les ſons charmans de cet Inſtrument ? Un ſçavant Légiſte a heureuſement rencontré dans ſes Bucoliques Grecques, que cette Vielle s'appelloit Orphéon, ce qui confirme encore mon ſentiment, que la Vielle étoit la Lyre d'Orphée, & par conſéquent d'Appollon dont il étoit le Diſciple.

Nous verrons enfin Meſſieurs les Claveſſiniſtes ſe réfugier ſous l'étendart de la Vielle, & venir s'immatriculer pour Vielleux de la ſeconde claſſe. Nous leur cédons l'uſage du Clavier; mais en récompenſe ils nous doivent céder celui de la Manivelle, en quoi giſt le principal mérite de cet Inſtrument, que l'on peut véritablement nommer le Roi des Inſtrumens, puiſqu'il régne uniquement.

Cependant quoique la ſupériorité de nos Inſtrumens nous mette en butte à tant de

main gauche. On la tient ſur ſes genoux, affermie par une (*a*) treſſe ou cordon qui paſſe ſous les pieds de ceux qui en joüent.

(a) *Le vénérable Réparateur des Brodequins d'Appollon* (b) *appelleroit ce Cordon, un Tire Pied.*

(*b*) C'eſt un Savetier, né Poëte ſans étude, omme le Menuiſier de Nevers.

jaloux ennemis, il ſe trouve des Organiſtes qui nous rendent juſtice; & qui non contens d'imiter dévotement les Tambourins & nos Inſtrumens, ſe font un grand honneur de nous accompagner ſur l'Orgue, ce qui ne manque pas de leur attirer une affluence d'Admirateurs, qu'ils n'auroient point ſans notre ſecours, tant eſt grande l'édification & la gravité ſpirituelle de notre harmonie.

La Viole eſt aujourd'huy aux abois. On s'y démêne comme un poſſédé. Elle eſtropie les jambes. On y a beſoin d'une grande agilité du poignet; & avec la peine qu'elle donne, juſqu'à mettre le Muſicien dans la néceſſité de changer de linge, on ne l'entend point dans un Concerto. Depuis que le goût François a paſſé les Monts, il ſemble que notre Nation ſoit devenuë ſourde. On aime le tintamare. On veut dans les moindres Concerts des Cors de Chaſſe, des Tambourins, des Trompettes, & des Tymbales. Il n'y a pas même juſques aux coups * de Canon qu'on ne tâche d'imiter; il faudra bientôt du Tonnerre comme à l'Opera. D'ailleurs, la décence, la modeſtie & la mode des Panniers, ont entié-

* *Coups de Canons.* Piéce de Claveſſin où l'on imite les coups de Canon, frappant tout-à-coup le Clavier avec les deux bras.

rement interdit l'uſage de la Viole au beau Séxe ; & en dépit des envieux, la Vielle & la Muſette triomphent. Nous allons inceſſamment les préſenter à l'Auteur du Temple du Goût, qui, ſans doute, ſe fera honneur de les élever ſur un Trône dans le lieu le plus éminent de ſon Temple. Un fameux Ingénieur-Machiniſte fournira le deſſein du Trophée ; & il ne ſera permis qu'aux plus célébres Artiſtes d'y placer chacun ſon chef-d'œuvre : On l'ornera de couronnes triomphales, avec des Feſtons & des Guirlandes, &c. Les noms des Vielleux & des Vielleuſes illuſtres, y ſeront marqués en lettres d'or, auſſi bien que ceux des Compoſiteurs qui ſe ſont diſtingués par leurs ouvrages de Muſique à l'uſage de ces deux Inſtrumens. Les Poëtes & les Peintres les plus renommés tireront de la fécondité de leur verve, mille galans ſujets qui féliciteront le Siécle préſent de la jouiſſance d'un ſi grand bien : & enfin, ils inſtruiront la Poſtérité de nos avantages, par des Stances, Elégies, Odes, Sonnets, Epigrammes, Madrigaux, Deviſes, Emblêmes, & autres Piéces de Poëſie & de Peinture.

Ce Trophée ſera pour le Temple du Goût une ſauve-garde reſpectable, ou, pour mieux dire, un protecteur tutélaire qui le garantira de toute inſulte. Si l'on eſt aſſez peu avisé, pour manquer de respect à ce fameux Monument, on peut s'attendre de voir bien-tôt le Temple détruit de fond en comble.

Il n'y a plus que le Violon & le Violon-celle qui nous font tête : Cependant, ces Instrumens que l'on renfermoit chacun dans leur juste destination, du tems de Mr. de Lully, sont bien déchûs de leur véritable caractére.

Les Simphonistes de ces Instrumens ont quitté le goût François par un esprit de nouveauté, pour imiter les Italiens; mais la plûpart en ont pris le mauvais, sans en prendre le bon.

Ces Novateurs, ne voulant point se borner à joüer uniquement un dessus sur le Violon, ou une basse sur la Basse, veulent absolument y mêler les autres parties; c'est, à proprement parler, un hachis de Musique qu'ils sâbrent avec l'archet. Je n'ignore pas que l'on ne puisse exécuter deux dessus ensemble; mais, pour le faire parfaitement, il faut être aussi habile que Baptiste. Ils s'imaginent ridiculement que la beauté du Violon consiste à le faire siffler jusqu'auprès du Chevallet. Ah! que cela est difficile, s'écrient les Connoisseurs! Il est vrai que cela n'est pas beau; de sorte que la plûpart de nos Simphonistes ne sont, ni Italiens, ni François, & ne joüent véritablement ni deſſus ni baſſes ; abandonnant la nature pour ſe dévoüer à la nouveauté, ils ne ſe rendent parfaits dans aucun genre, pour vouloir éxécuter l'un & l'autre enſemble.

Il n'y a preſque plus que dans l'Académie Royale de Muſique, où l'on reſtraint chaque Inſtrument dans ſon genre, pour y caractériſer les ſujets de Chant & de Danſe. C'eſt la corruption qui autoriſe ces abus, & l'ignorance qui applaudit à ce déſordre.

Je ſçai que ce qui a donné lieu à ce dérangement ſi préjudiciable au beau chant, eſt le chagrin qu'un Simphoniſte-Compoſiteur a de ne pas ſentir de baſſe à ſon deſſus, ou de deſſus à ſa baſſe ; car les interruptions & intervalles des deſſus pour y faire des baſſes, & des baſſes pour y faire des deſſus, cauſent toujours quelque altération dans la liaiſon du chant, & eſt contraire à la deſtination naturelle de ces Inſtrumens. C'eſt une médiocrité, prétend-on d'éxécuter la Muſique comme elle eſt écrite ? Ce qui eſt difficile eſt beau, ſelon l'opinion commune; on veut broder, & c'eſt grand dommage que l'on ne permette pas à chaque Simphoniſte de l'Opéra de s'écarter de la Notte, & de faire des agrémens à ſa volonté. Ils ont beau faire, il faudra qu'ils en viennent un jour à rendre hommage à la Vielle qui eſt leur Ayeule au mil-tantiéme dégré ; car le Violon tire ſon origine du * Rébec : Le Rébec, ſans doute, la tire d'une autre dont la chronologie remonte à la Vielle. Enfin, je ſoûtiens que jamais l'Orqueſtre de l'Opéra ne ſera au comble de perfection, que quand on en aura banni les Violons pour y mettre des Vielles.

Je ne parlerai point de la Méneſtrandiſe, qui fut jadis l'école du Violon, ni du mot de Plaiſant-Violon ; car les Violons-ſimphoniſtes, & les Concertans, s'imaginant leur Inſtrument auſſi noble que la Vielle, ſe diſtinguent aujourd'hui, & refuſent abſolument de joüer pour faire danſer, ſi ce n'eſt très-rarement, & par un effort de complaiſance, laiſſant ce vil emploi à ceux de la ſeconde claſſe. Je dirai ſeulement que cet Inſtrument eſt très-honoré dans les mains des perſonnes qui doivent impoſer dans le monde par leur naiſſance ou par leur rang.

C'eſt une néceſſité, pour tranſpoſer la main, de ſoûtenir le Violon avec le menton de ceux qui en joüent, avec un panchement de tête ; il en coûte toujours quelque grimace.

Quelques Dames ſe ſont aviſées, pour nous faire dépit, d'apprendre à joüer de

* *Rébec*, Violon fait en forme de Batoir non échancré par les côtés comme le Violon, n'ayant que trois cordes.

la Flûte contre leurs propres intérêts ; c'est là s'arracher le nez pour faire dépit à son voisin ; car cet Instrument n'est pas propre à faire des conquêtes, comme la Vielle. Il n'est pas généralement juste : Pour l'approprier aux différens tons, les Flûteurs ou Flûteuses sont obligés d'avoir, au moins, trois corps différens à leur Instrument ; ce qui corrompt la main, parce qu'un corps change l'étenduë de l'autre ; il incommode la poitrine, interdit la voix, rend le regard louche, change le visage, & engendre le torticoli.

D'ailleurs, le véritable caractére de la Flûte est évanoüi, & ne se reconnoît plus ; les Organistes seuls conservent encore l'idée de la modération dans laquelle cet Instrument doit se restraindre. (*a*) L'ancienne Musique étoit simple, grave & mâle. Où en serions-nous aujourd'hui sans la Vielle ? N'aurions nous pas lieu d'imiter Plutarque, qui, en plusieurs endroits de ses Ouvrages, se plaignoit de la dépravation qui s'étoit glissée dans la Musique, de son temps, & qui l'avoit si fort avilie ? Avant lui, Platon, Aristote, & leurs Disciples avoient fait la même plainte ; mais les Novateurs ont encore bien enchéri par dessus : Ces grands Lecteurs de

(*a*) Rollin, page 238.

Musique ne trouvent rien de difficile, ni de trop rapide; tout leur est possible. Aulieu d'une liaison harmonieuse qui devroit être dans leurs chants, c'est une sécheresse aride causée par des batteries d'intervalles, lorsqu'ils s'efforcent de faire béguayer trois ou quatre parties sur cet Instrument borné. L'oreille Musicienne a beau être à l'affut de quelques suites de sons, elle se trouve leurée par la vitesse extravagante de l'exécution, qui, comme le Violon, estropie chaque partie; de sorte que le premier dessus, le second, la taille, & la basse ne se font entendre que par hoquets, tous chants tronqués & avortés, qui n'enfantent que le désordre & la confusion; en joüant tout, ils ne joüent rien. A force de broder, on ne voit plus le fond de l'étoffe. Sçavez-vous quel est le * Rémora de ces fameux Athlettes? C'est de joüer, *L'autre jour ma Cloris*, ou quelqu'autre simple Brunette, comme le fameux de la Barre les joüoit. Ce Musicien a connu, mieux qu'un autre, les justes bornes de cet Instrument, qui sont le tendre & le pastoral; & s'est contenté d'y joüer une seule partie, sçavament ménagée par des sons naturels, agréables & charmans; mais cette prudence est gauloise aujourd'hui, tant

* *Remora*, petit Poisson qui arrête un Vaisseau.

il eſt vrai que tout fléchit devant le Goût du Temps & la Mode.

Il faut convenir que chaque Inſtrument affecte un caractére à ſoi particulier, & que la ſeule Vielle les poſſéde tous en général, par excellence, ſans participer à aucun de leurs défauts.

Il y a encore de quoi s'étonner de ce que les Dames qui affectent tant de mignardiſe & de délicateſſe, mettent ſans ſcrupule leurs belles lévres où tant de perſonnes ont porté les leurs, après y avoir répandu, par leur haleine, une ſalive indiſpenſable du ſoufle qui agite l'Inſtrument; & comme on ne peut douter que la bouche ne ſoit une partie du corps humain très-ſenſible & très-ſuſceptible, elles ſont d'autant plus imprudentes de s'expoſer; car, pour amorcer la Flûte, on y porte la langue pour humecter les lévres ou l'embouchure; & on ne ſçait pas quelque fois ce que certaines gens, mauvais plaiſans & malins ont mis à l'embouchure de la Flûte, comme il eſt arrivé chez Madame de .... Muſicienne-Flûteuſe: elle avoit un petit Laquais-caudataire des plus eſpiegles, qui s'aviſa de mettre de la ſalleté aux Flûtes deſtinées pour le Concert qu'elle donnoit un jour de la ſemaine. Si-tôt que les Flûteurs s'en apperçûrent, ils abondonnérent le Concert en bourdonnant,

Enfin, nous espérons que les Dames abandonneront la Flûte à l'exemple de Minerve qui, selon l'Auteur des *dons de Latône*, jetta loin cet instrument, si-tôt qu'elle eut apperçû dans un ruisseau les rides de son visage. Nous espérons aussi de voir quelque nouvel Alcibiades qui leur en interdira l'usage, pour les remettre dans le giron de la Vielle triomphante, dont les sons charmans se répondent par échos, depuis les grands Appartemens de parade jusqu'à la Basse-Cour.

Les Amans, y exprimant galamment leurs tendres sentimens auprès de l'objet de leur amour, sont au moins écoutés, s'ils ne sont pas favorisés. Les indifférens y trouvent un amusement agréable & solide; & les indigens s'en font un rampart contre les disgraces de la fortune.

Ce troisiéme genre de Vielleux est estimé le plus heureux. C'est une espéce de Philosophes Cyniques privés de desirs & d'orgueil, qui passent leurs jours sans envie, sans inquiétude & sans contrainte; & remarquez que l'art de vieller est un *Art libéral*, d'autant que leurs revenus ont toujours été assignés sur la libéralité ou sur la compassion publique. La monnoye de Vielleux est un proverbe qui prouve leur désintéressement. Il est vrai qu'on les a vûs long-temps venir aux portes des maiſons, diſpoſer la premié-re adoleſcence à la Muſique, pendant le tems que l'on regardoit la Vielle avec mépris ; parce que ces premiers Joüeurs de Vielle tiroient de mauvais ſons, dont les oreilles, encore ignorantes, n'étoient point offenſées. On étoit alors charmé d'une Harmonie informe & groſſiére, qui nous paroîtroit inſuportable aujourd'hui que ce parfait Inſtrument a tiré le rideau de l'ignorance publique ; tant il eſt vrai que la connoiſſance du parfait nous dégoûte du médiocre, & qu'il faut aujourd'hui du vrai bon au Public, pour le rendre conſtant dans ſon choix. Le mérite enfin de la Vielle étant inſenſiblement parvenu à la connoiſſance des perſonnes éclairées, on lui a donné entrée par tout & ſans réſerve, avec une telle préférence, que tous les autres Inſtrumens ſe ſont trouvés éclipſés ; ce qui rend aujourd'hui cet Inſtrument très-reſpectable.

Nous allons ſans doute voir renaître l'idée de la grande Chéchianée, ſi le Goût & la Mode ne trouvent point de bornes dans leur rapide courſe ; c'eſt ce que le tems nous apprendra, malgré la calomnie des Jaloux ou faux Connoiſſeurs, qui publient que la Muſique a dégénéré ; mais, grace à la Vielle, on peut s'aſſûrer du contraire, puiſque la Muſique ne peut péricliter, tant que la

Vielle la protégera, ce sentiment est fondé sur une prédiction de la Fée Barbacéla, que l'Imprimeur de la Chronique Japonoise a obmis.

Tanzaï, curieux d'apprendre combien dureroit la Musique, consulta l'Oracle, qui lui répondit :

Tant que la Vielle régnera,
La Musique ne périra.

Voilà les prérogatives de la Vielle qui renferme ce que l'on appelle Bien, puisqu'elle comprend *l'agréable & l'utile*. Que faut-il de plus pour prouver son excellence & sa prééminence ? Elle est enfin au dessus de toute comparaison. Je ne crains point d'en trop dire ; mais, de n'en pas dire assez, je ne crois pas même que l'hyperbole la plus outrée pût suffire au zéle qui m'anime. Pardonnez, Madame, au transport qui m'obséde ; je reconnois ma foiblesse. Je dirai seulement que c'est aujourd'hui un déshonneur de ne pas sçavoir joüer de la Vielle, & qu'il n'est pas honteux d'ignorer tous les autres Instrumens, que son atitude convient à tout le monde, qu'elle impose du respect dans les mains des Gens de distinction, qu'elle honore le Peuple, & que c'est un suplément de beauté pour les Dames que la Na-

ture a disgracié : C'est le passepar
cœurs ; c'est enfin, selon les Méde
Antidote céphalique contre les maladi qui consistent dans l'imagination, puisque la Musique & le son des Instrumens, particuliérement celui de la Vielle, contribuënt à la santé de l'esprit & du corps. C'est un *Mélancholifuge*, & j'ose dire, un *Fébrifuge*, pour l'avoir souvent éprouvé, qui aide à la circulation des humeurs, purifie le sang, dissipe les vapeurs, ouvre les obstructions; & dilatant les vaisseaux & les pores, la transpiration, pour se bien porter, se fait plus facilement. La manie de Saül s'appaisoit au son de la Harpe de David : Le venin de la Tarentule, se dissipe au son de la Vielle ou du Violon, & par les mouvemens de la Danse.

Ceux qui comparent un repas à un Sermon, disent que le vin de Bourgogne est salubre, pectoral, mais sérieux ; & que le vin de Champagne inspire les saillies, fait éclater le plaisir, fait briller l'esprit, donne une honnête hardiesse ; l'on y rit, & c'est là la pointe & la conclusion d'un repas. Il en est de même d'une Musique parfaite ; la Vielle en doit être la conclusion, & le brillant desiré qui laisse les oreilles dans l'enchantement.

Je ne daigne pas parler des Instrumens

vulgaires, avec lesquels nous étions autrefois confondus, & qui ne sont aujourd'hui en estime que parmi le commun du Peuple, comme le Tympanon, le Psaltérion, le Chalumeau, la Fiûte-à-l'oignon, la Guimbarde, l'Orgue de Barbarie & d'Allemagne, la Cornemuse, la Loure, & autres tabariniques, d'autant qu'ils ne nous font point de tort. J'ajoûterai seulement pour réflexion, que tout ce qui est soûtenu par la Mode, est non-seulement à l'abri de tout reproche, mais que ceux qui y résistent, sont exposés à la risée publique. Mais, Madame, puisque je suis sur le chapitre de la Mode, j'exige encore de votre complaisance d'entendre le songe que j'ai fait la nuit précédente.

Morphée m'avoit à peine fermé les yeux, qu'il me sembla voir la Déesse Mode dans une marche pompeuse. Protée commençoit ce charmant spectacle, & par diverses métamorphoses, réjoüissoit tous les Spectateurs. Les Tritons faisoient retentir l'air des sons bruyans de leurs Conques marines, qui s'accordoient merveilleusement avec les Vielles, Musettes, Fiffres & Tambourins. La Renommée y joignoit sa Trompette; Pan, son sifflet; & les Satires, leurs Cornets-à-bouquin.

A ces fanfares, s'unissoient les cris redoublés de gens de tous Etats & de tout Sexe, qui ſuivoient en foule chacun un * Virolet à la main. *C'eſt la Mode, c'eſt la Mode*; ce que les Echos répétoient. Une Déeſſe charmante paroiſſoit enſuite élevée ſur un riche brancard porté par les Arts & Métiers. C'étoit la Nouveauté leur Patrône, mére de la Déeſſe Mode; elle étoit riante, & plaiſoit à tout le monde.

Immédiatement après, paroiſſoit la Déeſſe Mode dans un Char éclatant, traîné par deux Caméléons dont les nuances éblouïſſoient; leurs Caparaçons étoient ornés de fleurs de Teucrion *(a)* Mercure en tenoit les rênes, & conduiſoit le Cortége au Temple du Goût, où la Déeſſe alloit prononcer ſes Oracles. Elle portoit ſur la tête une Lune, au même endroit où Diane portoit le Croiſſant, du haut de laquelle ſortoit le Virolet perpétuel qui donnoit le mouvement à tous ceux que portoient ſes Eſclaves. Elle avoit en ſes mains une Vielle organiſée,

* *Virolet à la main*, Joüet d'enfant, eſt un petit bâton, au haut duquel eſt un moulinet. *Voyez Rabelais, & ſes Annotations, Liv. 5.*

(*a*) *Teucrion*, Dioſcoride, Liv. 3. Chap. 95. & Pline, Liv. 21. Chap. 7. entr'autres merveilles, aſſurent que cette herbe a ſes fleurs blanches le matin, rouges vers le midi, & bleüatres ſur le ſoir.

dont elle joüoit mélodieusement. Le Tems, les Saisons, &c. l'accompagnoient; notre Nation lui donnoit de l'encens, comme le Scythe en donnoit à l'Amitié.

La Déesse changeoit si souvent de parure, que je n'en pouvois distinguer aucune. Le Caprice, la Vanité, l'Ignorance, la Fantaisie, la Bizarerie, la Folie, la Malice, l'Extravagance; quelquefois la Commodité, rarement la Raison, travailloient sans cesse à l'envi l'une de l'autre à contrôler, critiquer, rafiner, inventer, détruire, colorer, adoucir, corriger, enrichir, augmenter, Diminuer, maronner, razer, allonger, racourcir, changer la parure, &c. que l'autre avoit imaginé; &, loin d'importuner la Déesse par leurs jaloux empressemens, elle les recevoit tous également bien. Chacun avoit lieu de lui faire sa cour; parce que le dernier triomphoit toujours, & l'emportoit sur l'autre. L'Inconstance présidoit à ses changemens. L'affluence étoit si grande, que son mouvement ressembloit à celui des Ondes. Les Dames, sur tout, s'empressoient & se coudoyoient rudement; de sorte qu'elles y perdoient leurs cheveux, leur taille & leur gorge.

Aussi-tôt que la Déesse fut arrivée au Temple du Goût, j'entendis une clameur générale, qui ébranla le Temple depuis la voûte jusquaux fondemens : *C'est la Mode, c'est la Mode.* Dans ce moment, le bourdon de la Vielle, que j'ai toujours auprès de mon lit, vint à rompre, ce qui m'éveilla en sursaut ; & je me trouvai tout en nâge, tant ce rêve m'avoit agité.

Mais, Madame, sans se repaître l'imagination de visions nocturnes, revenons à la vérité constante ; & disons que la Mode est un Pérou pour les Marchands & Ouvriers de toute Profession ; qu'il y a une émulation des plus vives à qui produira du nouveau qui puisse plaire ; qu'une infinité de ces Inventeurs ont fait des fortunes considérables, quand ils ont pû réüssir à produire leurs inventions à la Mode, à qui le Génie François est dévoüé particuliérement, & que les Nations voisines, qui semblent engourdies dans l'indolence de leurs Coûtumes, n'en sortent que pour nous imiter.

Pour s'obstiner contre la Mode, il faut renoncer à tous les mouvemens de la Nature. Chaque jour a sa Mode ; il est plus aisé de la suivre, que de la réformer ; &, quand même elle seroit extravagante, c'est être sage que de s'y conformer ; puisque, comme dit le proverbe, *il vaut mieux être foû avec les Foûs, que d'être sage tout seul.*

C'est ainsi que nous avons insinué nos Instrumens, & que l'on les préfere à tous les autres dans les Orgyes, Bacchanales & Saturnales, où nous sommes appellés pour y faire éclater la joye & le plaisir. Cet usage est de tout tems : Erasme, dans son Eloge de la Folie, l'annonce ainsi : » Tout repas lan-» guit, s'il n'est animé de la Folie ; cela est » si vrai, que, si aucun des Convives n'est » fou, ou du moins ne fait semblant de l'ê-» tre, on fait venir un Bouffon pour de l'ar-» gent, ou quelque Parasite affamé, qui, » par ses bons mots, ou par ses railleries « piquantes, bannisse de la table le silence « & la mélancholie.

Enfin, Madame, la Mode est fille de la Nouveauté, adoptée & chérie des personnes de bon Goût, qui ne regardent point les choses comme elles devroient être, mais comme elles sont. Allons, interrompit la Marquise, il faut bannir tout scrupule, & ne rien ménager pour suivre le nouveau Goût, & la Mode sur tout, dont je suis inséparable, telle qu'elle puisse être ; car, par exemple, cet Hyver dernier j'ai eû le Rhume, la Quinte, la Coqueluche & la Follette ; & je n'ai pas trouvé ces incommodités insuportables, d'autant que c'étoit la Mode.

Je vous prie en grace de recommander à l'Ouvrier de faire ensorte que l'on entende le cliquetis de ma Vielle le moins qu'il sera possible.

Voilà, Madame, reprit le Maître, en lui présentant un papier de Musique, une magnifique Simphonie que j'ai composée hier avant de me coucher. Je l'écouterai volontiers, dit la Marquise ; & je jugerai mieux de cet Instrument, que je ne pûs faire hier au Concert, étant trop éloignée.

Après que le Maître eut joüé sa Piece, la Marquise lui dit : Il me semble que votre Simphonie, prétenduë magnifique, se réduit à une espéce de Branle très-irrégulier dans vos troisiémes couplets, parce qu'il contient des Dessus discordans avec vos Basses, selon les régles de la Musique. Oh! Madame, repartit le Maître, la Musique est notre servante ; & la faveur de l'Instrument nous dispense d'une observation rigide. Ne soyez pas si difficile à notre égard, & laissez nous nos licences ; car vous pourriez vous faire une affaire avec nos Partisans dont le nombre augmente tous les jours.

La Marquise, alors toute refroidie & interdite, sembloit voir la tête de Méduse ; puis enfin, faisant un effort sur elle-même, dit au Maître : A demain, Monsieur, car cet Abbé m'inquiéte, c'est un critique. Qu'il prenne garde, dit le Maître, que je ne le timpanise dans notre Journal.

Enfin, le Maître en partant, présenta à

Carbasus page 42.

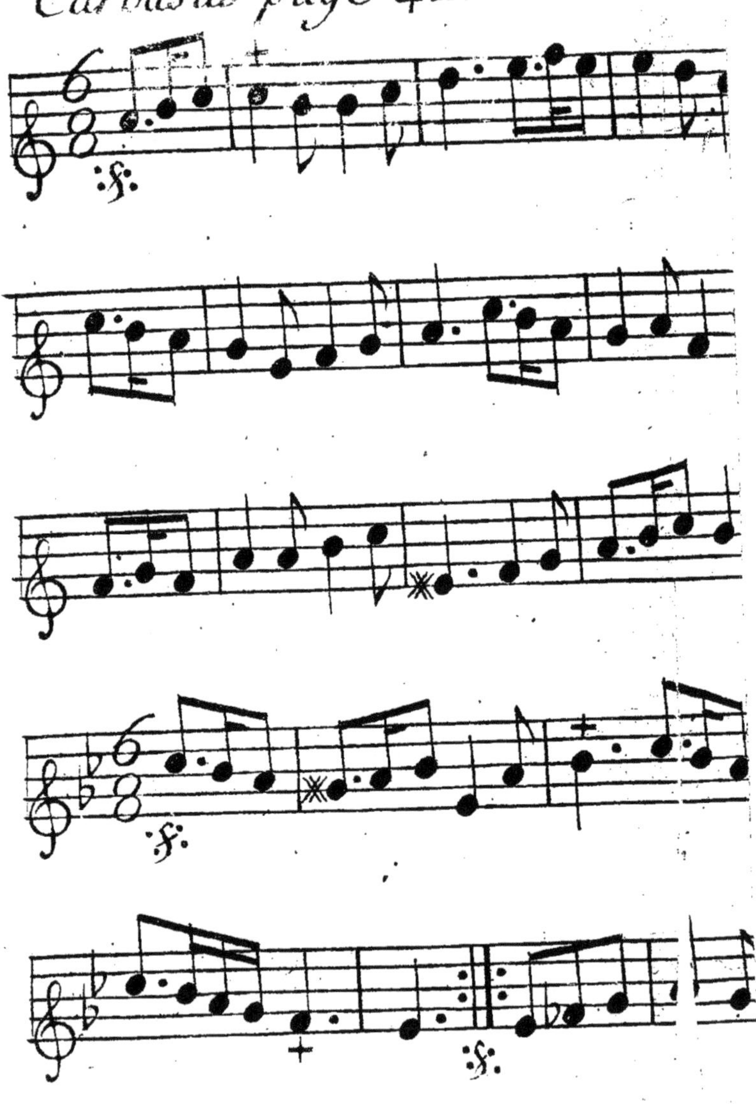

Carbasus page 42.

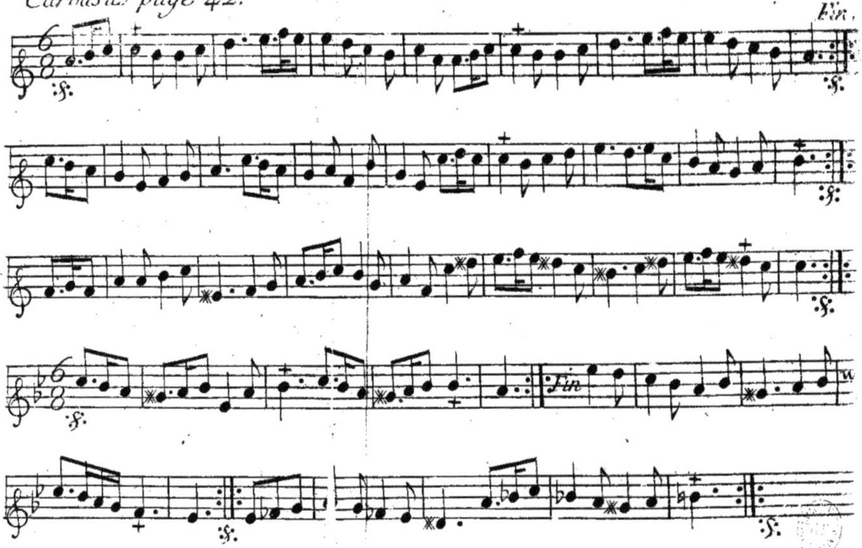

Fin.

Fin

la Marquise une tabatiére : Voici, lui dit-il, * de la Poudre de Colophane, pour dégraisser la rouë de la Vielle, quand il en sera besoin ; il en faut prendre un peu au bout du doigt, & l'appliquer sur la rouë en tournant la manivelle. Souvenez vous de n'avoir point de témoins lorsque vous ferez cette petite manœuvre, pour éviter la raillerie de certaines Gens fâcheux, qui disent que, celui qui touche la poix, s'en barboüille.

Ce fut à ce moment que j'entendis sonner le dîner. Le Maître étant parti, je rentrai en surprenant la Marquise la fausse tabatiére à la main : Est-il possible, lui dis-je, que vous puissiez vous résoudre à porter ce bijou dans votre poche ? Mais, Madame, ce n'est pas le seul attribut de l'Instrument auquel vous vous destinez ; il faut encore la chanson bouffonne, des postures & des grimaces. Reconnoissez donc quel est votre abus ; & laissez les Midas du Siécle triompher dans la dépravation de leur Goût ; il n'appartient qu'à ces Idolâtres de chercher du Nouveau dans le ridicule. N'exposez point votre Naissance, ni la réputation glorieuse que le travail assidu vous a acquis. Quand on est assez heureux d'avoir une belle voix, le souverain dégré où l'on peut sou-

* *De la Poudre.* On gâteroit la rouë, si l'on se servoit d'un morçeau de Colophane.

haiter d'arriver, est de l'accompagner d'un Instrument d'Harmonie. C'est le Concert parfait avec lequel on peut se suffire à soi-même; & c'est ce qui vous fait considérer dans le monde comme un prodige, d'autant que les Dames de votre qualité se donnent rarement la patience d'approfondir les Sciences, & se contentent d'une légere théorie, qui flate uniquement leur vanité, parce que la moindre peine les rebute; & qu'enfin.... Ah! Monsieur l'Abbé, de grace, s'écria la Marquise, qui étoit restée immobile depuis le départ du Maître de Vielle, ne m'en parlez pas davantage, je ressens toute la honte de mon égarement; &, puisque vous avez été témoin de mon erreur, je veux que vous le soyez du sacrifice que je vais faire. Elle fit appeller un de ses Laquais, à qui elle donna la tabatiére & la Vielle qu'elle avoit payée avec le mois d'avance.

On annonça que le dîner étoit servi; & nous allâmes nous mettre à table.

Jugez, Monsieur, si cette avanture a été divertissante pour moi; si je n'ai pas fait une action méritoire d'avoir sçû détourner cette Dame d'un pareil projet, malgré l'éloquence du Maître? Car, vous conviendrez avec moi, que plus la Dame est belle & noble, & plus cet Instrument ignoble est choquant dans ses mains. Je compte que vous m'aurez quelque obligation de vous avoir fait part de cette ſcéne, à laquelle vous prendrez ſans doute intérêt.

Feignez de n'être pas inſtruit, lorſque vous lui ferez viſite ; & , pour lui faire un petit dépit, dites-lui ſeulement à l'oreille : VOGUE LA VIELLE. C'eſt le mot du Guet.

Je ſuis, M.

Votre très-humble ſerviteur,
L'ABBE' CARBASUS.

J'AI lû par ordre de Monsieur le Lieutenant Général de Police, *une Lettre de M. l'Abbé...*, *à M. de* *** *Auteur du Temple du Goût*; & je crois que l'on peut en permettre l'impression, ce 22. Novembre 1738. CRÉBILLON.

VEU l'Approbation, permis d'imprimer. A Paris, ce 2. Decembre 1738. HERAULT.

Regiſtré ſur le Regiſtre de la Communauté des Libraires & Imprimeurs de Paris, N°. 2124. *conformément aux Réglemens*, *& notamment à l'Arrêt de la Cour du Parlement du* 3. *Decembre* 1705. *à Paris le* 20. *Fevrier* 1739. Signé, LANGLOIS, *Syndic.*

www.ingramcontent.com/pod-product-compliance
Ingram Content Group UK Ltd.
Pitfield, Milton Keynes, MK11 3LW, UK
UKHW021034180726
13838UKWH00004B/1784